COLLECTION ERNEST MAINDRON

Vente du Lundi 13 Février 1905, Hôtel Drouot,
Salle n° 8

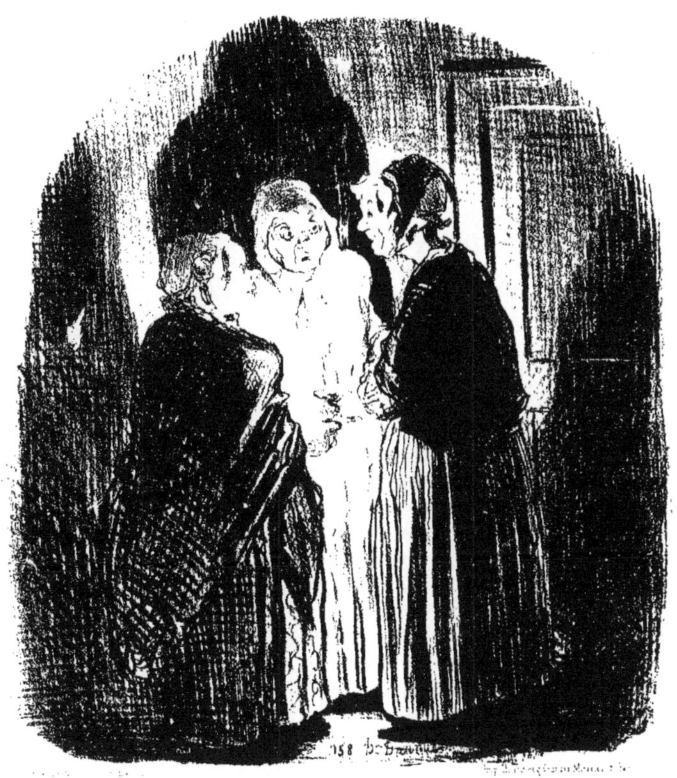

Nº 144 du Catalogue

HONORÉ DAUMIER

Me MAURICE DELESTRE   M. LOYS DELTEIL

CATALOGUE

D'UN

INTÉRESSANT ŒUVRE

LITHOGRAPHIÉ

DE

HONORÉ DAUMIER

formé par

M. ERNEST MAINDRON

dont la vente aura lieu

à Paris, HOTEL DROUOT, Salle N° 8

Le Lundi 13 Février 1905

à 2 heures précises

Par le Ministère de Mᵉ MAURICE DELESTRE

COMMISSAIRE-PRISEUR

5, rue Saint-Georges

Assisté de M. LOYS DELTEIL, Artiste-Graveur, Expert

22, rue des Bons-Enfants

CONDITIONS DE LA VENTE

Elle sera faite au comptant.

Les acquéreurs paieront *dix pour cent* en sus des prix d'adjudication.

M. Loys Delteil remplira les commissions que voudront bien lui confier les amateurs ne pouvant y assister ; il se réserve, en outre, la faculté de diviser ou de rassembler les lots.

MM. les amateurs pourront visiter la collection, 22, *rue des Bons-Enfants*, du Mardi 7 février au Samedi 11 inclus, de 2 heures à 5 heures.

VENTES PROCHAINES

FÉVRIER — MARS — AVRIL 1905

13 Février. — Collection **Ernest Maindron**. Œuvre lithographié de DAUMIER.

Mars. — Collection particulière de **H. Fantin-Latour :** Estampes (1ʳᵉ partie).

Mars. — Vente composée : Estampes modernes. (BRACQUEMOND, COROT, DAUMIER, FANTIN-LATOUR, GAILLARD, JACQUE, LEGROS, MERYON.)

Mars. — Collection **Alvin-Beaumont**. (Eventails, miniatures, important manuscrit de Malesherbes, objets divers ayant appartenu à la Reine Marie-Antoinette.)

Avril. — Collection **H. Le Secq des Tournelles :** Estampes anciennes et modernes, œuvres de REMBRANDT, OSTADE, GABR. DE ST-AUBIN, MERYON, MILLET, WHISTLER.

Avril. — Vente **Daniel Vierge**. Dessins.

Les catalogues des ventes mentionnées ci-dessus seront adressés aux amateurs qui en feront la demande à M. LOYS DELTEIL, 22 rue des Bons-Enfants.

DÉSIGNATION

1. — **Portraits en pied de la Caricature :** Argout (d')
(5) — Baillot (8) — Barthe (14) — Cunin-
Gridaine (46). Quatre pièces. Superbes
épreuves sur *chine*.

2. — Delessert (Benj.) (49) — Etienne (68) — Ful-
chiron (82) — Guizot (97). Quatre pièces.
Très belles épreuves sur *chine*.

3. — Harlé père (98) — Jollivet (103) — Kératry (de)
(105) — Odier (138). Quatre pièces. Superbes
épreuves sur *chine*.

4. — Podenas (153) — Prunelle (157) — Royer-Col-
lard (166). Trois pièces. Superbes épreuves
sur *chine*.

5. — Rigny (de) (161) — Sébastiani (172) — Viennet
(191). Trois pièces. Superbes épreuves sur
chine.

6. — **Juges des Accusés d'Avril :** Barbé-Marbois
(11). Superbe épreuve sur *chine*.

7 — Choiseul (Duc de) (40 R) — Dumas (Math.)
(60 R). Deux pièces. Superbes épreuves sur
chine.

8. — Gazan (87). Superbe épreuve sur *chine*.

9. — Lannes (113) — Lascours (de) (118) — Siméon
(Comte) (176). Trois pièces. Très belles
épreuves sur *chine*.

10. — Portalis — Bassano — Montlosier. Superbe
épreuve sur *chine*.

11. — de Sémonville, Robert - Macaire (Thiers), Roederer. Superbe épreuve sur *chine*.

12. — Girod de l'Ain, Rousseau, Verhuel. Superbe épreuve sur *chine*.

13. — Bineau, 1ʳᵉ planche (23 R). Belle épreuve.

14. — Denjoy, pl. 32 des Représentans Représentés (53). Superbe et très rare épreuve du 1ᵉʳ état, *avant la lettre*.

15. — Ducoux, pl. 29 des Représentans Représentés (58). Superbe et très rare épreuve de 1ᵉʳ état, *avant la lettre*.

16. — Greppo, pl. 33 des Représentans Représentés (94). Superbe et très rare épreuve du 1ᵉʳ état, *avant la lettre*.

17. — *Fieschi dit Gérard dessiné d'après Nature*, étendu sur un lit (78). Très belle épreuve.

18. — Jacquinot-Godard, magistrat (102). Superbe épreuve, *texte au verso*.

19. — **Bustes de la Caricature :** Lameth (Ch. de) (111) — Dupin (62) - Soult (178) - Argout (d') (4) - Persil (149 *bis*). Cinq pièces. Très belles épreuves, cinq sur *chine*.

20. — Odry, Rôle de Carmagnole (Musée des Costumes, pl. 61) (140 R). Très belle épreuve, *coloriée*. Rare.

21. — **Représentans représentés :** *Assemblée Législative*, pl. 2, 4, 5, 7, 12, 15 à 24, 27 à 31, 36 et 37, soit vingt-deux pièces. Très belles épreuves, onze sont *coloriées*.

22. — **Représentans représentés :** *Constituante*, pl. 1 *bis*, 2 à 3 *bis*, 5 à 7, 9, 10, 12, 13, 16 à 20, 26, 27, 29 à 32, 35 à 50, soit trente-huit pièces. Belles épreuves.

23. — La même série, pl. 28, 29, 33, 34, 37, 39 à 42, 47 à 49, soit douze pièces. Belles épreuves, *coloriées*.

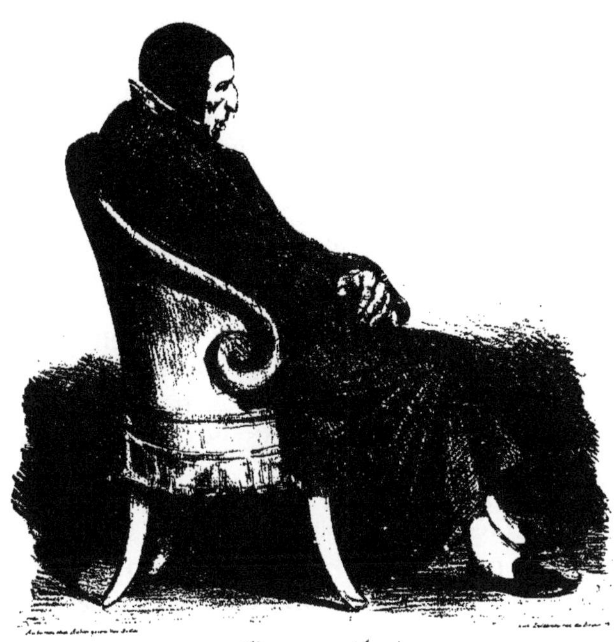
N° 6 du Catalogue.

24. — Les mêmes séries (Constituante), 50 pl. (Législative), 36 pl. Ensemble quatre-vingt-six pièces extraites du *Charivari*.

25. — **Portraits-charges du Charivari :** Bugeaud (31) — Chevandier de Valdrome (39) — Crivelli (45) — Delessert (50) — Delort (51) — Dubois (57) — Etienne (69) — Fruchard (81) — Gaudry et Lecomte (86) — Ganneron (84) — Guizot (96) — Harlé père (99) — Lefebvre (J.) (123) — Jollivet (103) — Odier (139) —

Pataille (147) — Plougoulm (151) — Podenas (153) — Sébastiani (172) — Thiers (180) — Valout (187) — Viennet (192). Vingt-deux pièces. Belles épreuves, *texte au verso*.

26. — *Il a raison le moutard — eh oui c'est nous qu'à fait la révolution....* (199 RR). Très belle épreuve, *coloriée*. Très rare.

27. — Enfoncés les bons gendarmes (201). Très belle et très rare épreuve du 1er état *avec la faute*.

28. — Le patrouillotisme chassant le patriotisme au Palais Royal (209). Très belle épreuve du 3e état, *coloriée*. Rare.

29. — Un Cauchemar (212 RRR). Très belle épreuve, *coloriée*. Fort rare.

30. — La Visite au Salon (229 R). Très belle épreuve sur *chine*.

31. — L'Esprit frappeur (236 R) — Pauvres hommes ! (237 R). Deux titres de musique. Belles épreuves.

32. — *Madeleine-Bastille. Un zeste, un rien....* (238). Très belle épreuve du 2e état, sur *chine*.

33. — Le Dimanche au Jardin des Plantes (239). Très belle épreuve du 2e état, sur *chine*.

34. — Le Nouveau Paris. Comme c'est heureux.... (240). Très belle épreuve du 2e état, sur *chine*.

35. — A la Varenne St-Maur. La Voilà !... (242). Très belle épreuve du 2e état, sur *chine*.

36. — *En v'la un, il pourrait bien être malheureux...* (244). Très belle épreuve du 2e état, sur *chine*.

37. — Paysagistes au travail (246). Très belle épreuve du 2e état, sur *chine*.

38. — En Chemin de Fer. Un Voisin agréable (247). Très belle épreuve du 2e état, sur *chine*.

39. — **La Caricature :** très humbles, très soumis.... sujets (248) — Le Cauchemar (249) — (Ah !

his !..) (252) — Chimère de l'Imagination (254)
— Ksssse ! Pedro.... (255) — 1830 et 1833 (257)
— Sire ! Lisbonne est prise.... (258). Sept
pièces. Très belles épreuves, six sont sur
chine.

40. — Masques de 1831 (250). Superbe épreuve sur
chine.

41. — Ah ! tu veux te frotter à la presse !! (259). Superbe épreuve sur *chine*.

42. — *Cortège du commandant Général des Apothi-
caire, le prince Lancelot de Trinacule...*
(256). Très belle épreuve, *coloriée*.

43. — *Primo saignare, deinde purgare...* (260). Très
belle épreuve, *coloriée*.

44. — La Cour du Roi Pétaud (253) — Cortège du
commandant Général des Apothicaires...
(256) — Primo Saignare... (260). Trois pièces
in-fol. Belles épreuves, la première *coloriée*.

45. — Le passé. Le présent. L'avenir (261) — Philippe
mon père... (262) — Mlle Etienne-Joconde
Constitutionel... (263) — Yeux noirs, front
haut... (264) — Récompense honnête aux
électeurs obéissans (265). Cinq pièces. Très
belles épreuves, quatre sur *chine*.

46. — Gros cupide, va ! (266). Superbe et très rare
épreuve du 1er état, sur *chine*.

47. — Voyage à travers les populations empressée
(267) — Magot de la Chine (268) — Baissez le
rideau, la farce est jouée (271) — La Jument
du prince... (273) — Où allons-nous, où
allons-nous... (274). Cinq pièces. Superbes
épreuves sur *chine*.

48. — Repos de la France (268). Superbe épreuve sur
chine.

49. — Celui-là, on peut le mettre en liberté ! il n'est
plus dangereux (269). Superbe épreuve sur
chine.

50. — Un rentier des bons royaux, un rentier des Cortès (270). Superbe épreuve sur *chine*.

51. — Et pourtant elle marche (278). Superbe épreuve sur *chine*.

52. — La tête branlante (275) - Le Moulin du Télégraphe (276) — Très bien ! très bien ! vous vous êtes parfaitement conduits... (279) — Nous sommes tous d'honnêtes gens. . (280). — Les Mannequins Politiques (281). Cinq pièces. Très belles épreuves sur *chine*.

53. — Petits ! petits !... (282) — Un grand mortier à très petite portée (283) — Le Triomphateur (284) — Marie-Louise Pairie... (285). Quatre pièces. Superbes épreuves sur *chine*.

54. — La Tentation (286). Superbe et très rare épreuve d'un 1ᵉʳ état, *non décrit*, avant les mots : *parodie d'une toile de Téniers :* sur *chine*.

55. — Athéniens prenez garde à Philippe ! (287) — La première blessure (288) — Le Maréchal Mortier la veille de la bataille de Waterloo (289) — Le Carcan (290). Quatre pièces. Très belles épreuves sur *chine*.

56. — V'ilà la Guerre !... Sauve qui peut ! (291) — Pour un pauvre Américain, s'il vous plaît (292) — Malbroug s'en va-t-en-guerre (293). Trois pièces. Superbes épreuves sur *chine*.

57. — Récompense honnête, décernée en 1800 (294) — L'apoplexie allant remplacer à Londres la paralysie (295) — Quand le Diable devint... (296) — Gros Jean Buzeaud (297). Quatre pièces. Superbes épreuves sur *chine*.

58. — Partez mon cher... (298) — De tes humbles foutriquets Reçois... (299) — Départ pour l'Espagne (302) — Brebis égarées rentrez au bercail (304). Quatre pièces. Superbes épreuves sur *chine*.

59. — Le Fantôme (L'ombre du M^{al} Ney traçant les mots : PALAIS DES ASS., sur la porte du Luxembourg (300). Superbe épreuve sur *chine*.

60. — Vous avez la parole, expliquez-vous, vous êtes libre ! (301). Superbe épreuve sur *chine*.

61. — C'était vraiment bien la peine de nous faire tuer ! (305). Superbe épreuve sur *chine*.

62. — Mésaventures et désappointemens de Mr Gogo (340-344). Suite complète de 1 frontispice et 4 pièces. Belles épreuves du 2e état.

63. — Les désabonnemens et la Caricature font le Cauchemar du pauvre Constitutionnel, 1834 (443). Deux très belles épreuves, une tirée *hors-texte*.

64. — Caricatures politiques, 51 pl., extraites du *Charivari*, année 1834.

65. — Caricatures politiques — Scènes de mœurs. Trente pièces extraites du *Charivari* (années 1835-1836).

66. — Nous nous sommes bien amusés ! (*Charivari*, 4 janvier 1834) (531). Très belle épreuve. *texte au verso*.

67. — L'Ivrogne (*Le Charivari*, 3 mars 1834) (532). Très belle épreuve, *texte au verso*.

68. — Bal à la Cour (557-562). Suite complète de six pièces. Belles épreuves, *texte au verso*.

69. — Les Amis (588-596). Suite complète de neuf pièces. — Les Annonces (597-598). Suite complète de deux pièces. Belles épreuves, *texte au verso*.

70. — Les Baigneurs, 1839-1842 (627-655). Suite complète de trente pièces. Très belles épreuves, *coloriées*,

71. — La même suite. Très belles épreuves, extraites du *Charivari*.

72. — Les Baigneuses (656-672). Suite complète de dix-sept pièces en 1 alb. in-4 broch. *couv. de publ.* (on y joint dix-sept pl., de la série des *Baigneurs*, soit ensemble 34 pl.).

73. — La même série 1 à 4, 7, 8, et 14 à 17, soit dix pièces. Très belles épreuves, *coloriées.*

74. — Une élève zélée travaillant à domicile, pl. 6 des Baigneuses (661). Superbe et très rare épreuve du 1ᵉʳ état, *avant la lettre.*

75. — Les Bas-bleus (685 et suivants) pl. 6, 9, 12, 19, 33 et 35, soit six pièces. Belles épreuves.

76. — La même série, pl. 1 à 5, 7, 8, 10, 11, 13 à 18, 20 à 22, 24 à 32, 34, 36 à 40, soit trente-quatre pièces. Belles épreuves, *texte au verso,*

77. — Les Beaux jours de la vie (725 et suivants), vingt-cinq pièces (d'une suite de 100 pl.), en 1 alb. in-4 broch. *couv. de publ.*

78. — La même série, pl. 14, 23, 30, 39, 41, 84, 87, 92, 97 et 99, soit dix pièces. Belles épreuves, *coloriées,* sauf une.

79. — La même série, pl. 3 à 29, 31 à 40, 42 à 44, 46 à 83, 86 à 91, 93, 95, 96, 98 et 100, soit quatre-vingt-dix pièces. Belles épreuves, *texte au verso.*

80. — L'Ami du grand homme, pl. 26 des *Bohémiens de Paris* (850). Belle et fort rare épreuve d'un 1ᵉʳ état, *non décrit, avant la lettre.*

81. — Bohémiens de Paris (405, 826-852). Suite de vingt-huit pièces, incomplète des pl. 26 à 28, soit vingt-cinq pièces en 1 alb. in-4 broch. *couv. de publ.*

82. — La même série. Suite complète de vingt-huit pièces. Belles épreuves, *texte au verso.*

83. — Les Bons Bourgeois (854 et suivants). pl. 1, 2, 4 à 35, 37 à 47, 66 et 68, soit quarante-sept pièces en 2 alb. in-4, cart. couv. de publ. (avec titre : Plaisirs de l'Été).

84. — — La même série, pl. 33, 34, 42, 54, 55 et 72 (886 R,
887, 895 R, 907, 908, 925). Six pièces. Très
belles épreuves, deux sont *coloriées*.

85. — La même série, pl. 1 à 9. 11. 13, 16 à 21, 26 à 28,
30, 31, 34 à 41, 43 à 45, 47, 49 à 51, 57, 59, 63
à 68, 71, 73. 75 à 81, soit cinquante-quatre
pièces. Belles épreuves, *texte au verso.*

LES GENS DE JUSTICE.

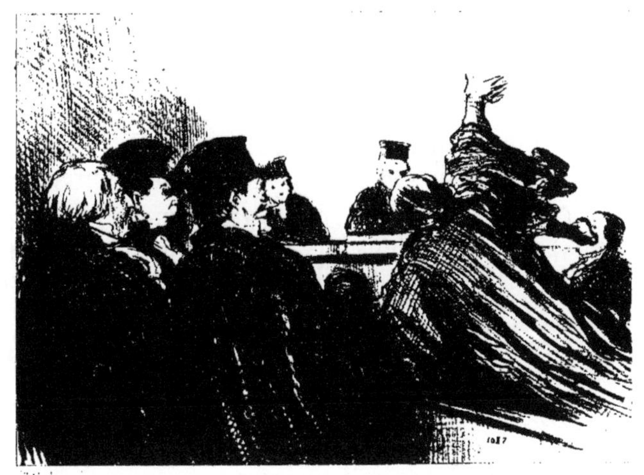

L'avocat et le plaideur

Nº 108 du Catalogue.

86. — Les Canotiers parisiens (969-988). Suite complète de vingt pièces en 1 alb. in-4 broch.
couv. de publ.

87. — — La même série (969-988), pl. 2. 3. 5, 13, 16 à 19,
soit huit pièces. Très belles épreuves.

88. — Caricaturana (989-1050), pl. 1 à 60, soixante
pièces. Très belles épreuves, *coloriées.*

89. — La Chasse (328-330, 1127-1135), planches 1 à 9.
Neuf pièces. Belles épreuves.

90.   Les Comédiens de société (1166-1181). Suite complète de 16 pl. — Croquis dramatiques, 1re série (1415-1418). Suite compl. de quatre pl. — Croquis dramatiques, 2e série (1419-1433). Suite complète de 15 pl. — Croquis dramatiques, 3e série (1434-1436). Suite complète de 3 pl. Trente-huit pièces. Belles épreuves, *texte au verso*.

91. — La Comète de 1857 (1182-1191). Suite complète de dix pièces. Belles épreuves, *texte au verso*.

92. — Coquetterie (1192-1201). Suite complète de dix pièces. Belles épreuves, *texte au verso*.

93. — Croquis aquatiques, série de 1853, pl. 7 à 11 et 15 (1228-1233). Six pièces. Belles épreuves.

94. — Croquis d'été, 1856 (1311-1345). Suite complète des trente-deux pièces de Daumier pour cette série de 44 pl. Belles épreuves, *texte au verso*.

95. — Croquis d'expressions (1358 et suivants), pl. 1, 36 (rare), 38, 42, 43 et 53, soit six pièces. Très belles épreuves, *coloriées*.

96. — Croquis d'expressions, pl. 2 à 23, 25 à 33, 37 à 41, 44 à 53, soit quarante-six pièces. Belles épreuves, *texte au verso*.

97. — Croquis musicaux (1443-1459). Suite complète de dix-sept pl. — Etudes musicales (3899-3903). Suite complète de cinq pl. Ensemble vingt-deux pièces. Belles épreuves, *texte au verso*.

98. — Croquis parisiens, séries diverses. Cent-six pièces extraites du *Charivari* et du *Journal amusant*.

99. Les Divorceuses (1580-1585). Suite complète de six pl. — Les Femmes socialistes (1790-1799). Suite de dix pl. (manque la pl. 3). Quinze pièces, *texte au verso*.

100. — Émotions de chasse, 1re série (1593-1607), pl. 2, 4, 6, 7, 10 et 13 — Émotions de chasse, 2e série, pl. 12 (1616). Sept pièces. Belles épreuves.

101. — Émotions Parisiennes (1630-1666, 2172-2177, 3515, etc.) Suite complète de cinquante pièces en 2 alb. in-4 brochés, *couv. de publication*.

102. — La même série, pl. 1 à 33 et 47 à 50, soit trente-neuf pièces. Belles épreuves, *texte au verso*.

103. — Enfantillages (1702-1707). Suite complète de six pièces. Belles épreuves, *texte au verso*.

104. — Les Étrangers à Paris (1711-1730.) Suite complète de vingt pièces. Belles épreuves, *texte au verso*.

105. — L'Exposition Universelle, 1855. (1745-1785). Suite complète de quarante-et-une pièces irrégulièrement chiffrées. Belles épreuves, *texte au verso*.

106. — Flibustiers Parisiens (1805-1810). Suite complète de six pièces. Belles épreuves, *texte au verso*.

107. — Les Gens de justice (1848-1886.) Vingt-huit planches d'une suite de trente-neuf pièces, en 1 alb. in-4 cart.

108. — La même série, pl. 4 à 7, 12, 16 à 36, soit vingt-sept pièces, y compris un double. Belles épreuves, deux sont *coloriées*.

109. — Histoire ancienne (1901-1950). Suite complète de cinquante pièces en 2 alb. in-4, cart. *couv. de publ*. conservée.

110. — La même série. Suite complète de cinquante pièces. Belles épreuves.

111. — La même série. Suite avec texte au verso. (manque les pl. 40, 44, 49 et 50), soit quarante-six pièces.

112. — Idylles parlementaires (1951-1966). Suite complète de seize pièces. Très belles épreuves (la pl. 15 est *coloriée*).

113. — L'Imagination, 1833 (1978-1992). Suite complète de quinze pièces. Très belles épreuves, extraites du *Charivari*.

114. — La Journée du célibataire (1998-2009). Suite complète de douze pièces. Belles épreuves, *texte au verso*.

115. — Locataires et Propriétaires, 1re série (2010-2041), pl. 1 à 3, 5 à 29 et 32, soit vingt-neuf pièces en 1 alb. in-4 cart. *couv. de publ.*

116. — Mœurs conjugales (345 et suivants, 1637, 2069-2117): pl. 1 à 11, 13 à 30, 33, 35, 36, 38 à 43, 45 à 48, 52, 53, 56 à 60, soit cinquante pièces. Belles épreuves, *texte au verso*.

117. — Monomanes (349, 2125-2131). Suite complète de huit pièces. Très belles épreuves, *coloriées*.

118. — Les Musiciens de Paris (350-355). Suite de six pièces (manque la pl. 5). Très belles épreuves de 1er tirage, *coloriées*.

119. — Les Papas (2143-2165), pl. 4, 11, 14 et 16. Quatre pièces. Très belles épreuves, *coloriées*.

120. — Pastorales (2210-2265), pl. 1 à 17, 19 à 38, 40 à 42, 44 à 50, soit quarante-sept pièces. Belles épreuves, *texte au verso*.

121. — La Pêche, 1840-1841 (356-362). Suite complète de sept pièces. Très belles épreuves, *coloriées* (sauf la pl. 1).

122. — Les Philantropes du jour, 1844-1846 (2272 à 2306), Suite de trente-quatre pièces, incomplète des pl. 14, 23 et 32, soit trente-deux pièces, y compris un double. Très belles épreuves, deux sont *coloriées*.

123. — Physionomies de l'Assemblée (2307-2337), pl. 1
à 14, 16, 18, 21 à 25, 27, 28, 30 et 31, soit vingt-
six pièces (y compris un double). Très belles
épreuves, plusieurs *coloriées*.

124. — Physionomies tragico - classiques (2350-2363).
Suite complète de quinze pièces. Très belles
épreuves.

125. — La même série. Belles épreuves, *texte au verso*.

126. — Physionomies tragiques (2364-2373), pl. 1 à 5, 7
et 8, soit sept planches. Belles épreuves,
coloriées.

127. — Les Plaisirs de l'hiver (2392-2397). Suite complète
de six pièces. Belles épreuves, *texte au verso*.

128. — La Potichomanie, 1855 (2405-2412). Suite complète de huit pièces. Belles épreuves, *texte
au verso*.

129. — Proverbes et Maximes, 1840 (2449-2460), pl. 1 à
4, 6 à 10, et 12, soit dix pièces (sur 12). Très
belles épreuves, *coloriées*.

130. — La même suite, pl. 1 et 3 à 12, soit onze pièces.
Belles épreuves.

131. — Les Raisins malades, pl. 1 à 4 (2486-2487-2488-
2490). Quatre pièces. Belles épreuves.

132. — Robert-Macaire, 2ᵉ série (339, 370, 371, 2496-
2512). Suite complète de vingt pièces. Belles
épreuves.

133. — La même série. Suite de vingt pl. (manque les
pl. 2 et 20), soit dix-huit pièces. Belles
épreuves, *texte au verso*.

134. — Scènes grotesques (2535-2540). Suite complète
de six pièces. Belles épreuves, *texte au verso*.

135. — Silhouettes (375-377, 2555-2559). Suite de six
planches (manque la pl. 3), soit cinq pièces.
Très belles épreuves, *coloriées*.

136. — Tout ce qu'on voudra (2586-2655), pl. 1, 2, 4, 7
à 9, 11 à 13, 15, 18, 20 à 28, 30, 31, 33 à 36, 39
à 50, 53 à 57, 60, 61, 63 à 71, soit cinquante-
quatre pièces. Belles épreuves, *texte au verso*.

137. — Tout ce qu'on voudra, pl. 29, 32, 41 et 69 — Les
Saltimbanques — La Pêche, 3 pl. — Caricaturana, 2 pl. — Aventures de J. P. Choppart,
etc. Vingt-trois pièces. Belles épreuves.

138. — Types Parisiens (330 et suiv., 3835), planches
1 à 25, soit vingt-cinq pièces (sur 50) en 1 alb.
in-4 broch. *couv. de publ.*

139. — La même série, pl. 1 à 13, 16 à 26, 28 à 36, 38 à 40,
42 à 50, soit quarante-cinq pièces. Belles
épreuves, *texte au verso*.

140. — Voyage en Chine, pl. 8, 25, 27 et 30 — Senti-
ments et passions, pl. 3 et 4 — Les Cinq Sens,
pl. 2 et 3 — Monomanes, pl. 1, 2 et 3 —
Mœurs conjugales, pl. 34 et 51 — Les Philantropes du jour, pl. 23 — Pastorales, pl. 18,
soit quinze pièces. Belles épreuves.

141. — Vulgarités (381, 382, 383, 404, 2751-2756),
planches 2 à 8 et pl. 10, soit huit pièces.
Belles épreuves.

142. — Les Alarmistes et les Alarmés, pl. 1 et 3 — Au
Camp de St-Maur, pl. 1 à 3 — En Italie, 1 pl.
— Nos troupiers, 1 pl. — Nouvelle lanterne
magique, 7 pl. — L'Annonce et la réclame,
pl. 1 et 2, soit seize pièces. Belles épreuves,
plusieurs *coloriées*.

143. — Le Commerce un jour d'échéance, Actualités
264 (2931 RRR). Très belle épreuve d'une
pièce *inédite*.

144. — Actualités, pl. 278 (3549). Superbe épreuve.

145. — Actualités, pl. 1, 6, 14, 23, 24, 36, 41, 49, 53, 55,
59, 95, 99, 109, 114, 116, 118, 119, 140, 159, 183,
201, 225 et 268. Vingt-et-une pièces. Belles
épreuves, plusieurs *coloriées*.

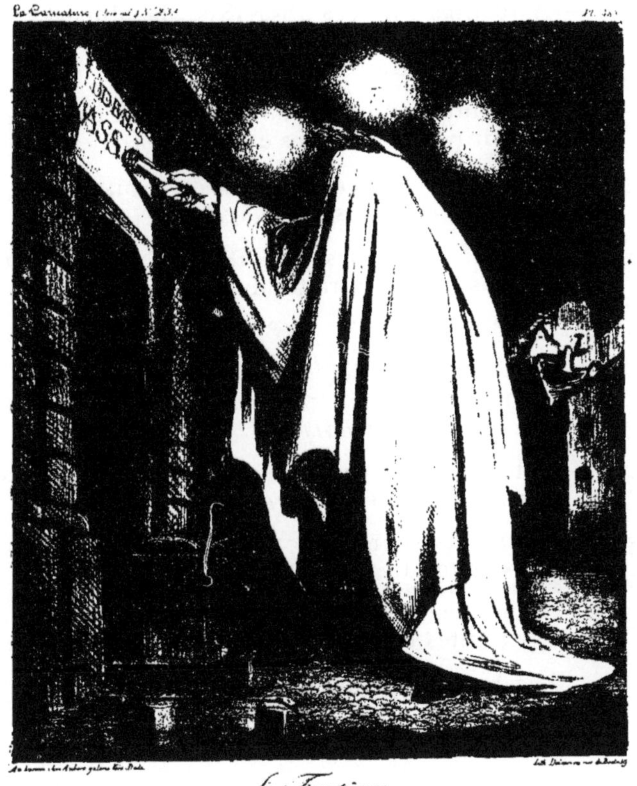

Le Fantôme

Nº 59 du Catalogue

146. — Actualités (Années 1839, 1844, 1845, 1846, 1848, 1849). Quarante-sept-pièces extraites du *Charivari*.

147. — Actualités (années 1850-1851). Cent-quarante neuf pièces extraites du *Charivari*.

148. — Actualités (années 1852-1853). Quarante-six pièces extraites du *Charivari*.

149. — Actualités (années 1854-1855), la plupart relatives à la *Guerre de Crimée*. Cent-dix-sept pièces extraites du *Charivari*.

150. — Actualités (années 1856-1857-1858). Cent-vingt-huit pièces extraites du *Charivari*.

151. — Actualités (années 1859-1860). Soixante-deux pièces extraites du *Charivari*.

152. — Actualités (années 1866-1867). Cent-quarante-trois pièces extraites du *Charivari*.

153. — Actualités (année 1868). Soixante-huit pièces extraites du *Charivari*.

154. — Actualités (année 1869). Soixante-neuf pièces extraites du *Charivari*.

155. — Actualités (année 1870). Soixante-seize pièces extraites du *Charivari*.

156. — Actualités (année 1871). Soixante-deux pièces extraites du *Charivari*.

157. — Actualités (année 1872). Trente-six pièces extraites du *Charivari*.

158. — Les Joueurs de billard, 1865 (3916-3928). Suite complète de treize pièces. Belles épreuves, *texte au verso*.

159. — Comme c'est amusant la politique (3957). (*La Silhouette*, 24 oct. 1830). Très belle épreuve.

160. — L'Ane et les deux voleurs (3958). Très belle et rare épreuve du 3e état, *avant le n°*, tirée sur teinte.

161. — Les Artistes — Les Artistes à la campagne — Les Paysagistes — Scènes d'atelier — Les Musiciens de Paris — Croquis pris au théâtre — La Tragédie — L'Exposition de 1859 — Les Cabotins — Les Artistes contemporains. Quarante-et-une pièces extraites du *Charivari*.

162. — Au Salon (614) — Croquis pris à l'Exposition (1554-1558), suite complète de cinq pl. — Croquis pris au Salon (1559-1568), suite de dix pl. (manque la pl. 1) — Le Public du Salon (2462-2472), suite complète de onze pl. — Le Salon de 1857 (2517-2523), suite complète de sept pl. Ensemble trente-trois pièces. Belles épreuves, *texte au verso*.

163. — La Chasse — Emotions de chasse — Croquis de chasse — Les plaisirs de la chasse. Soixante-dix-huit pièces extraites du *Charivari* et du *Journal amusant*.

164. — Les Chemins de fer — Les Trains de plaisir — Physionomies des Chemins de fer — Agréments des Chemins de fer. Quarante-huit pièces extraites du *Charivari*.

165. — Croquis aquatiques — Doubles faces — Proverbes et maximes — Quand on a du guignon — Tout ce qu'on voudra — Les Papas — Les Carottes — Souvenirs du Congrès de la Paix. Quatre-vingt treize pièces extraites du *Charivari*.

166. — Croquis de Bourse — Les Boursicotières — Les Faiseurs d'affaires — Les Spéculateurs — Les Portiers de Paris — Les Parisiens en 1848 — Les Parisiens en 1852 — Les Chinois de Paris — Plaisirs des Champs-Elysées. Trente-six pièces extraites du *Charivari*.

167. — Croquis d'été, d'automne et d'hiver. Trente-six pièces extraites du *Charivari* et du *Journal amusant*.

168 — Croquis Parisiens, 3 pl. — Emotions parisiennes, pl. 17, 20 et 49 — Les Parisiens en 1852, pl. 11 — Scènes parisiennes — Types parisiens, pl. 27, 29, 38, 39 et 41, soit treize pièces. Belles épreuves.

169. — En Chine — Voyage en Chine. Cinquante six pièces extraites du *Charivari*.

170. Les Gens de justice — Les avocats et les plaideurs — Physionomies du Palais de justice. Dix-neuf pièces extraites du *Charivari*.

171. — Idylles parlementaires — Physionomie de l'Assemblée — Les Alarmistes et les Alarmés — Les Banqueteurs — Les Canotiers parisiens — La Fluidomanie — Caricaturana — Types Français. Cent vingt-neuf pièces extraites du *Charivari*.

172. Locataires et propriétaires — Les Philantropes du jour — Professeurs et moutards. Quatre-vingt-seize pièces extraites du *Charivari*.

173. — Paris qui mange — Paris qui boit — Parisienneries — Paris l'été — Paris l'hiver — Scènes parisiennes — Ces bons parisiens, etc., etc. Trente-neuf pièces extraites du *Charivari*.

174. — Les plaisirs de la campagne — Les chemins de fer — Paris l'hiver — Actualités — Revue caricaturale, etc. Trente pièces. Belles épreuves.

175. — Déménagement du Constitutionnel — Un quart d'heure avant sa mort... — La Tentation du nouveau St Antoine — Grande croisade contre les Journalistes — Grand défilé de l'armée... pour entreprendre la fameuse expédition de Rome à l'intérieur · Le Public à l'exposition. Onze grandes pièces extraites du *Charivari* et du *Journal amusant*.

176. — Portraits — Caricatures politiques — Scènes de Mœurs. Vingt-huit pièces extraites des premières années du *Charivari*.

177. — Sous ce numéro il sera vendu en plusieurs lots, trois cent vingt-huit pièces extraites du *Charivari* et du *Journal Amusant*.

178. — Les Saltimbanques, par Froment — A la Cour
d'assises, par Smeeton et Tilly — Les Cha-
timents, par L. Dumont. Trois pièces. Très
belles épreuves sur *chine volant*.

179. — Caricatures politiques — Scènes de mœurs. En-
viron trois-cent-cinquante pièces d'après
Daumier, ou faussement attribuées.

IMPRIMERIE
FRAZIER-SOYE
153-157, Rue Montmartre
PARIS